Kustantaja: BoD - Books on Demand, Helsinki, Suomi
Valmistaja: BoD - Books on Demand GmbH, Norderstedt, Saksa
ISBN: 978-952-318-877-8

One fear, one vision

by Tomi W Larsson

Misslyckande

Klanten dånade efter att det mesta misslyckats
Hoppades att det skulle ta slut
Han visste inte om han skulle...
Ja , egentligen kunde han inte tänka klart

Godkände situationen gjorde han inte
Svor o gastade
Vilket han inte förr gjort
Om triviala saker, likväl som allvarliga

Det är inte så lätt, utan svårt
Detta med ilska
Men att göra bort sig vill man inte
Så man lider istället

Kort sammanfattat är det tyngre...
Att leva vettigt o
Försöka sitt bästa
Men det är väl ändå rätt

Motto: ta ny fart

2006

Jag kunde dikta
Haft skumma tankar
Men struntet behöll för mig själv
Sedan uppskattade tryggheten
Och förstod, att allt är bra
Öppnade mig för andra

Balansgång
Kompromiss
Så lever du länge
Men ta tabletten
Trots att det grämer
Det är en order

Tråkigt

Löven faller till marken en höstdag
I färger de många
Men i den sorgliga Walters liv
Försvinner det goda
Av skälet att han tabbade sig
O insjuknade
Det positiva ser han ej mer
Och så sällan ler

I lyan den nya
Ser man ut
Och träden svajar
Vid en väg så stillsam
Likt den sinnesstämning
Jag befinner mig
Och moloken ibland är
Att det på humöret tär

The elevator stopped on second floo2012
Or between floor one and two
I pushed the stop button by accident
And it went nowhere
I asked somebody to call maintenance
Five to ten minutes, they said
30 minutes later I sat on the floor
In the elevator, it started to annoy me
A woman asked me are you still there
I am
And then the man, who does it every day, let me
out
My plan was to watch the news
But there was no Tv in the elevator

Funderingar

Jo, att känna sig dålig har man ju varit med om
Fantasin hoppar än hit än dit

jag funderar borde man skriva om sådant
Och ibland är det faktiskt fel

Kan inte följa med
Och då orkar man inte med sällskap osv

Bryr man sig
Sköter man sig

Att tillreda mat för en, tråkigt
Kan ej hjälpas

Men om man känner sig du med situationen, är
det inte så illa

Looking back

Three months ago our short summer finally
came
Hand on heart it was surprising, I had moved to
a new area
A relaxed atmosphere and friendly people
A girl I was seeing left me
Lonely evenings instead
Rehab I left behind

But too much of the relaxation
So I started drinking
Visits to city centre got fewer
And the heat kept me inside
Cleaning, watching tv, eating
And so they invited me to an island

Very nice all in all
But to the hospital we hurried
As a bee stung me, my foot was numb
And straight home from Borgå
A limping foot, luckily
It could have gone worse

Cleaning for three days I did
The basement is arranged
And the apartment smelled like new

And now what I needed was a weekend trip

A holiday in Oslo
With hills and the astonishing parks

Nevertheless, days were long
A struggle to stay off the beer started
Walking passed the shelves in the store
And lost weight, perfect
Good things happen
What a relief

Hur ska jag klara biffen

Den ska stekas
Hög värme bara
Men enligt talesättet, då
Vad ska ja ta mig till
Man är liksom
In deep shit

Onödigt att ånga på med det som är dåligt, eller
hur
Då är man fast klämd
Avstånd till ämnet och bondförnuftet
Löser upp knuten, det vill jag lova
Men är det så, om man mår verkligen illa ?
Och har massor av problem

Måste lösa ett, det borde väl lätta
Och undvika en katastrof sålunda
Jag vet inte vart jag är på väg
Och rädslorna pinar mig
Kanske det blir bättre
En vacker dag

Om sexualitet

Var ca 25, ung och tokig
Och en dag sjönk jag ihop
Av den svåra frågan om sexualitet
Man egentligen borde funderat på sedan
länge
Men det är inte lätt
Inte alls

Hade föredragit kvinnor
Och inte ändrar ju det
Men kan inte heller neka
Att karlar ibland är efter mig
Gör inte det, sade ja
Vet inte om det hjälpte

Timmarna rinner iväg   1999

Jag söker lugn, man vill hitta sig själv
Det känns så fel
Och dagen känns lång
Med dagen framför mig
Nå't som fattas
Tappat aptiten och vägen
Till ett bättre liv

Typisk man

Samlat mig förnyat mig och anpassat
mig
Letade efter något att göra
Och skrev rent

En slags drift att stilla ett behov
Har fått bra medicin
Men ändå

Oroliga stunder
Skit i dem
Mycket är väl

Funderingar II

2009

Sen kanske ja är, men bättre sent än aldrig
Motion hygien och en fylla är receptet

Morgonen infinner sig som vanligt
Var är insikten om att en ny dag hägrar

På kvällen ingen sömn utan ett piller
Känns som det är fel, en börda

Skulle vilja drömma som förr
Men det går bra också utan

Rastlösheten är ibland för stark
Klagar inte men ja prövas dag efter dag

Är det bättre att fly, åka bort
Undrar var ja då hamnar

Bättre att se sig omkring
Och få uppleva

Nature

I like to sit and watch the view
On a bench in a park
Otherwise I cannot focus
Keep the mind in good spirit
So I don't forget
The voice of nature
Always refreshing, and
Comforting

Disciplin

Att börja någonstans ifrån
Se eller godkänna faktum
Nu ska det ske en förbättring
Köra igång och
Först ta bort det synliga
Gå igenom lådor skåp och förvar
Sedan putsande

Är ja tokig

Drömmer igen
Och det kan väl inte vara
Om så mycket annat
Än...en dam

Rubriken passar bra
En dröm jag hade
Stark ja,
Nästan för svårt att
Med passande ord beskriva
För jag blev tokig

Men framförallt glad

Fight it

A new angle on the problem
Hitting right on the spot
Meaning a better touch
Find the answer you looked for
What do they say
All can have their say
As long as tomorrow is a better day
It's harder than you think
Keep oneself floating on the high wave
Accept it with a humble thank you
Can lives save

Vit mössa　　　　2005

Mottag med glädje denna vers
Fast armén på kommande känns som en
pärs

Duvorna berättar att du flitigt läst in
Det är vägen på sikt till ett litet krypin

Glöm nu ej idrotten, för det är det roliga
Att följa sina bröder är inte fel även om
de är tokiga

Idag fick du mössan med fint resultat
Låt ej kunskapen falla i glömska

Bror din var ivrig på att festa och drack
ur sin mössa
Håll i din o värna om den med bössa

I drakan kan du se konditionen sjunka
Och likt de andra huvet i väggen dunka

Efter det gryr dagen då man blir fri
Tänk inte på det nu, roligt ska det bli

Gratulerar

Den enklare vägen

Är nångång bättre att ta
För stigen är krokig
Och även om om vinnaren är värd sitt pris
Är det inte så viktigt att leta febrilt

1998

The faintest idea I have no more
No laughter or sound no more
Right now there is nobody I would like to call
It's depressing and dark at the end of fall
Swearing and shouting feel like a madman
But on a good day I am a lonely sadman

When the music is on I forget myself

Larv att tro sig leva på hasard
Larv att supa sig normal
Larv att leva i ett moln

En kung är han på fredag kväll
En kung då han hittade sitt kall
Men en narr ibland

Synd att va så destruktiv och sårbar
Synd att lida av en åkomma
Synd att leva soft, men mest av allt

Sluta inte dansa

Rehabilitering   2006

Vi sitter tysta ner på mur'n
Alla vi som är intagna på kur'n
Blossar o fimpar är vad vi gör
Direkt som skötaren oss ur sängen kör
Med oss har vi nog haft turen
För nå'n av oss kan ha hamnat i buren
Sköta sig måste man, som sig bör
Det har vi valt, om än så vi dör

Sköna skärgården

Se havet
Bruset, kraften o lugnet
Topparna på en tall och gran som svajar
Till nordvästlig vind
utomhus smeker blåsten din kind

Friheten, själsro o den friska luften
Din oro stärker
Klockan dänger...
Mammas mat är bäst
Man blir mätt

Att få vila o pusta ut
Detta är precis som förut
Sommarön är oss en viktig del
Hyllar o prisar
Minnen sitter kvar i hjärtat

When nothing to do

For a long time now
I tried to find a hobby
A new one
Because the old ones are all about sports
And the heavy metal
Make me crazy

So one day the decision I made
Find a book, okay
To the book store I go
Jumping on the bus
To city centre
And time runs quickly

It's full of interesting departments   ?
And I try to make up my mind
But it's too difficult
In what language
Should it be a biography
Or a novel

I open a few, as I want the text thick
Easier to read
I pick one
And head home forty five minutes later
That saved the day
I was not bored, like yesterday

Trött

Ibland blir det för mycket
Och inte palla för trycket
Trött känner ja mig
Det är normalt såhär på hösten

Från och med sommaren blev det
otrevligt
Lite ensamt o så
Har inte klarat mig så bra
Kanske man sku hemåt dra

Twelve lines about mental illness

The reality understand
An illness asks not, care not much
Unhappy moments take over
It can vanish the same way
It came from
Long and painful the symptoms are
Nobody can see it
What you are suffering from
A strong attitude is the best
If you want to remain sane
Or leave it be
It is just a problem among others

Years ago

A bartender I wanted to be
A sportsman I was
An accommodation worker I was.. for a
short period
A kitchen co-worker for three years

To my surprise nothing went the way I
wanted
And when promised a job they never
called, thank you Hki
So off you go in an ambulance, nothing
wrong with that
Meet the doctor

Once a doctor saved me, even if we
escaped from the loony house
Rehab was the next stop
It meant staying with elderly people
And smoking all day long

I changed during that time
But I made new friends
That was the best part
The laziness that came with everything
not good

Once, no...three times I packed a bag
Not because it was unbearable
But I felt it was not my thing
And the agent ruining my day

In shape or character sometimes difficult
to see
Many aspects to consider
Crazy thinking and anger
Was the overall feeling

In the mirror when I looked
Sorrow was written all over my face
But a little humor I saw too
That had been away for a long time

It was cool to meet with family
The view out the window
Does not change, it's alright
But even if days get longer it's not
spring yet

Analysis

A period of time is normally a month or longer
A few days maybe less than a week
When you are sad it lasts maybe a day or so
When you are in a state of mind difficult to
recognize, if ill...
It lasts maybe ten hours to a day or two
Or it goes up and down

In my opinion there are several standpoints
All of them from differing perspectives
When it is an ongoing situation, beware
When moods are out of your control
My problem...
Look for help

Or see what possibilities there are

-cause or circumstance
-have an open mind, look it up
-take an alternative route

Self-therapy

2004

Motivation I have
The topic I can find
When I write it down

Expressing yourself
Sharing
Save somebody's afternoon

Hatred, that is bad
And my room is a mess
And Cd's I don't have money to buy

Even if poems save the day
To me it's all gray
I have to find something else

2004

Ibland är ja en junt
Funderar på en massa strunt
Då kunde det vara bättre att lösa
det på annat sätt
T. ex på pennan sätta sprätt
För att fason på huvudet få
Och resultatet nå
Och sitt destruktiva behov vilja
stilla
Via kreativitet och arbetsprocess

Ta inte steget

Med svansen mellan benen o utan ett knyst
Återvände han
Lyckliga dagar, sedan ett stopp
Dagen så lång
Att han gav upp; med tre frågor i huvudet
Vart skulle ja åka
Med vem skulle ja åka
Finns svaret ja söker
Tvekande
Tystnad inför allvaret
Lottlös?
O måsta börja från noll

Boring evenings

2009

We can't stand each other anymore
The two of us in this small apartment
Now we argue
And tomorrow a third person is moving in
Hopefully things change

Ensamhet

Så är det
Ibland är det tungt
Att bo ensam

Men om du för mycket
Av sällskap haft
Är det skönt

De säger: inte bra
Att inom fyra väggar
Ensam bo

Då kan det slå slint

Eftersträvansvärt

Fundera om framtid
Som salva på såren om man vet hur man skall
göra
Fräsch attityd

My loved one's

They are there for me, and back me up
But...
I cannot be more than I really am
What's important I cannot say
We gather occasionally
It's good to talk
The conversations are trivial
But they treat me right

Fint med en vän

Olika slutsatser ja drar
Ibland det lilla förnuftet far
När dagen blir för lång
Och omständighet påverkar
Så att det barkar

En liten påminnelse
Att det snett kan gå
Inte att ta för givet
Vännen som
Hållit dig i livet

Dumb

In the pocket I carry a lighter
Was no lighter
In the drawer where the vegetables are
I found nothing
And socks I could not find
Even in the closet

But the garbage I took out

Mindre bra

Att ha krabull
Då man varit full
Är ibland en plåga
Och man går på mindre låga

Ingen humor och dagen efter
I kylen endast några få rester
Jag ska dämpa på farten
Långsammare ännu

Sedan man ligger
Litet att göra
Ta sig i kragen
Imorgon o motionera

A big day

On the morning the 19th it looked all wrong
In a state of total chaos (instability) I left...
As the computer finally was ready to pick up
The two or three days of waiting were over

I have never been so angry and nearly lost it
Numerous small problems, I could not deal with
It 's my selfishness partly, when things go
wrong
As I wanted to work three weeks ago

Then after cleaning the apartment thoroughly
I was in control of myself and even the toilet
was shining
A miracle appeared, to everybody's
astonishment
Under bright sunlight, that we like up here

Nobody was busy

On the verge

As I felt whatever I did went wrong
And the second attempts also went wrong
I lost my nerve, even if I knew why
To blow it over and over

Let's call it personal blunders
So that my drift for perfection got injured
The behavior was not rational
I was angry to the limit

People around me I hated; without reason
Myself I was not, a mere shadow
Then the situation turned upside down
After pain came relaxation, right on time

Negativ

Orkar inte med långa dagar
Efter att allt gått åt helvete
Om ja sku dricka lite o sen lite mer
Tills ja inte ens hemgatan mera ser
För ja är trött
O de kollar...ja, vad är det de kollar?
Orkar inte ens grubbla

Borta min geting
Jordgetingen som giftet spred
Och släktingen av ädelt blod
Det är väl höst
Är det en tröst?
Lönlös denna misär
Kanske behövs ett gevär

Kul vardag
2007

Väckt på morgonen, matbordet väntar
Kaffet så gott, en ny dag väntar
Idag tre saker att få gjorda
Tiden inte en fiende
Varje individ har sin egen tidtabell
Känns lite fel att allt går så lätt

Kraven inte många
Hur mår du, hurdan inställning har du?
Ibland måste man stå ut med närgående frågor
Och maten skall lagas
Den blir god, tack till hustomten
Vi har det ganska bra

En är utstött, en annan fattig
Ambitionen kanske fattas
Målsättningar inget måste, men
Din inställning en avgörande faktor
Lär dig städa eller du får problem
Men på backen tar vi en dag i taget

När jag ännu minns

2004

Tappade minnet när jag snurrade på stan
O folk märkte det, där ja satt
O så skämdes ja igen, dagen kändes förstörd
Men på kvällen var allt okej

Ett krav på att bli bättre
Sorgligt nog blir jag tvåa
Att glömma är mig inte främmande
Ibland vill jag bort

Var hitta en lösning
Det kanske finns annorstädes
O ja drömmer i molnen de blå
Om att träffa vännerna de två

Psykiskt sjuk

Magen har blivit sämre
Lillfingret är precis var det bör vara
Så fokus på magen
Att stå på huvet hjälper ej
Fast ja nog ej ens försökt
Varför?

Men det är inte den ökända magafirun
Och inte brått till Wc
En plåga som stör
Och även om det ingen berör
Så måste ja vidta åtgärder
Det s.k tuffa budet

Out of my mind

It got out of hand
I could not help myself
And cannot explain it
Watching my step they were
I did not know what to do
I was not myself
And the angry bastards out there
Made it no easier

Our practice changed it all
Disappointing it first was
But it changed my intention
To give up
And I made it home
And tears fell

Dreaming

A sort of madness in my head
Forgetting and walking around in the
room
Knew not what to do
Saturday yes, but
I feel dizzy

A daydream
No trace of time

Willpower

Forever the sleepless night seemed to last
With some of the craziest of dreams
That I a glass broke the beer forgot
Where laughter and stories hitting right on the
spot
My wildest fantasy to my memory so far
So that it drove me to the closest bar
When I the key to my apartment lost
When out the door I had to run at any cost

A fine large beer and an hours rest
To my apartment I intend to go
But what direction take
Straight ahead or the road I like
To another long afternoon
And they don't get any shorter
As I too seldom meet with friends
The dream and willpower a pillar

If trying to make conclusions
Maybe think back
And the insanity is no longer there
The wrong conclusion let go
And the day ahead is bright
After the long fight
Arise from your past, a sinner
To the better you, be a winner

Mentalvårdsmässan

Vi beordrades besöka mässan på Skatudden,
som vi fick fribiljetter till
Första gången var det för mig, med besökare
över hela landet
Och med ett utbud som överraskar
Böcker, utställning och kafeteria
Från och till känner man sig
Och vill inte länge stanna
Men för att friskare bli
Måste man sitt lilla val göra

Från Esbo hittar vi broschyrer
Om utflykter och läger mest
Som många gillar bäst
Variation så viktigt
Från Hfors t. ex allt om terapi
Så man inte ensam bli
Då måste man plåstra om sina sår
Gå igenom detsamma en gång till

Åren går

Så började min nya hobby
Var det nå'n som tvingade ?
Eller var det en naturlig följd
Av ett misslyckande
För om man inte prövar sig fram
Kan man bli tokig

Jag trodde länge att det är så svårt att skriva
Men det är som med mycket annat
Träna träna...
Och finn din stil
Så låter en av mina första
Som är från vårdperiod

Tvättade tänderna och gick ut
Kände mig dålig, vände tillbaka
Lyckades svänga min oro
Var ändå deprimerad
Senare kände jag glädje igen
Skrev en vers

Den skriven på finska är
Men det hoppande humöret torde synas
Och då spelar det ingen roll
I alla fall för mig
Om det på modersmål är
Det skulle vara ett sätt att emot sjukdom kämpa

Var blev den

Min tuffa stil till trots
När vi i högstadiet gick
Jag en kick fick
På modersmålstimmen
När det stod poesi på anslagstavlan
Nåt som ingen av oss hört om

Kändes som jag ville läsa mer
För det var så litet av det
Som det berättades åt ungdomarna
Och när intresset väcktes
Var det dags
Att till andra ämnen byta

Minnen

Från trevlig till argsint blev sinnesstämning bytt
Det händer alla ibland
Dock om man ideligen nekad blir
Man inte längre på vardagen positivt ser
Humorn tryter, känslor svallar och
Man drar sig tillbaka

Kanske till ett minne gott eller ett ställe
Där man får vara ifred
Från motgångarna man inte kan undvika
Se det från en annan synvinkel
Eller så inte
Men försöka duger

Bli inte sen
Från isträningen
Det blev vi en gång
Med bandykompisen
Men det är bara sport
Eller hur

Då man illa mår
Blir problemen fler
Hoppas inte alltid
Det finns hjälp
Och den ordnad

Av vännen är

Tid och rum

Det är som ett långt brev
Som en episod under en dag
Eller som en skolvecka

Ibland är det människorna kring dig
Man ser inte allt
Och i verkligheten upplever man samma
små egenheter igen o igen

Dagen innehåller flere tempus
Som man upplever var och en skilt
Enligt eget synsätt

Vinter 2000

det är veckända och det har nästan blivit vår
vintern har varit mild, och det känns trevligt
inuti
när man tittar ut genom fönstret och vårsolen
värmer
och smälter snön, som en aning smutsig av alla
avgaser sakta försvinner
och kvar blir endast nå'n enstaka hög

det ger hopp åt mången som sitter ensam i sitt
tillhåll
och planerar vad göra under veckoslutet
kanske ta en promenad
men vem vill promenera ensam
skulle man kanske kunna göra men
om man är ungkarl, passar det sig kanske inte
riktigt

man skulle kunna träffa en ung mö
det vore trevligt men om man homo, hmm
vad skall man göra då
man kanske skulle flytta up i bergen
och leva ett eremitliv
nä det är för långt till krogen

kanske man skulle spela på sin dator då
eller lyssna till radion
men om man inte har en dator och om skivan

spelar

inte kan man väl stänga av mitt i
inte tog ja en promenad, inte klättrade ja i berg
inte vet ja vad som menas med gillen som killar
gillar

Funderingar III

En vän till mig alltid lyhörd är
Och det roligt att språkas med typerna
där
Från beroendet svåra
En vändning skett

Funderat på att åka dit
Ensam sittandes blir ja en skit
På gott humör ska man vara
Men akta för tomheten bara

Varav man med ringa alternativ sitter
Inge roligt och bliva bitter
Jag blev ju å med Tv:n
Brydde mig inte

Sedan blev det nog ändå groll
Och jag valde ti vara ett troll
Och visst fanns det fog för det
Mänskor man inte ville se

Ordinary Saturday afternoon

It's like it has been for a long time
Sleep long no effort
Beer night Friday
Weekend laziness ahead

And I realize it doesn`t work
In the end

Råddar

Den var för lång
Min väntan att få skriva en sång
Måste nästan vridas ut med tång
Det tar sin tid att komma igång

Av o an
Upp o ner
I sin ensamma lya
Efter äventyr nya

Lyssna på schlagers de gamla
För o intryck samla
När man ska få något gjort
Som man redan tidigare bort

Om att lämna alkoholen
Svänga moll till dur
Innan man blir sur
O skriva in sig på kur

Om det ändå vore så lätt
Någon skrattar brett
Har du tappat ditt vett
Eller på livet blivit mätt

Jo och nej

Springa omkring utan sitt vett
Det finns bättre sätt
Kolla var felet ligger
Alla gör vi fel

Ibland ser ja inte vad det är
Det ja inte märker
Konstigt
Dumt uttryckt

Det fula

I tio år lidit
För att smaka det värsta
Icke sömn på kvällen
Hemskt sinnestillstånd
O flere …

Intill det vackra
Synes det fula
Individen med olika syn
Om samma sak
Varför ser jag det fula?

Inte vet ja ens varför
Det gått som det gått
En konstig månad eller så
Ta det lugnt
Så det inte vill sig illa

The bag I still carry

When going to wash laundry, on my day off
I took my bag and asked for instructions
He talked fast, and I nodded
Even if I did not understand what he said
Straight it was, and as I walked
I looked around for the laundry shop
And found the place at last

Every week I went to that store
With the bag full of dirty clothes
I love the bag, reminding me of my day off
From a job I will never forget
But is that because of the nights out
Or the experience overall

Trött eller inte

Vildgässen är ja inte trött på
Annalkande hösten är välkommen
Den korta ensamheten lite trött på
Den trasiga radion lite trött på

Mitt förbättrade minne mindre trött på
Pausrutan på tv inte trött på
De små insekterna ytterst trött på
Min raid burk inte trött på

Mindre tobak inte trött på
Ensamma måltider trött på
Liten disk inte trött på
Dåliga matvanor lite trött på

Hating everything

Sitting in the underground
A man took a newspaper from the seat beside
me
It's mine, I said and he took another one
A minute later, he said plenty to read, isn't it?
How so?
Something wrong with taking a newspaper with
me, I asked.
He said yes and shook his head.
What a surprise

Fatta galoppen

Trots små gråa hår
O svårt att få tiden o gå
Kämpar man på mer o mer
Fastän man inte realiteter alltid ser
Det lilla hatet som än fanns kvar
Har nog sinat på senare dar

Inte att glömma, snart är våren här
Ut ur dörren med livets fart det bär
Jag drar på länk som kompisen gör
Utan de goda råden kan det va' att man
dör

The plan was to be in shape
When winter came to an end
I consider it to be the good part
A gray cell has died
And it has become a problem
To do what I wanted to

Move on

Boredom and despair
I told myself: beware
For the bus I had not to wait
When with these emotions to Dad hurried,
straight
Ate some and talked for a while
Then to the countryside I went, and walked a
mile
Walked by a horse, that calmly strolled on the
field
I was a little jealous, I too would need a shield

A constant worry reminding itself
That no sympathy is here to be found
And the life I have today
Has made me angry, I must say
Dizzy moments appear at times
To blow it I had not on before hand planned
And so with neighbors and people collided
A decent atmosphere it still can be

Dream or reality

2009

It doesn't work
Like it was four years ago
I would like to get ahead in life
Accomplish one of my goals
Now I am stuck again
And blame myself

If the daydreams cease something is wrong
I am a mess, cannot do anything right
The attempts in school were good
But I was not mature
Or the concentration problem too hard
For me to handle

And it drove me away
From home and the plans I had
I could not fulfill
Adventures became important
That I am proud of today
But it went wrong

To look for acceptance
Was what it was about
And what you don't see
Is that fooling around may send you to prison
But why give up

Yes why ?

Without money

Lonely to travel if your destination is unknown
And for jobs apply to keep you alive
Is the grass greener there
That is for everyone to decide
What you have left
Is a picture in your mind
Is this what I wanted ?

Hard to think back
Like in a cloud walk around
Having no options left
A phone call to one you trust
And keep your head
Or it's over

If the same problem was here
I would make a better choice
In the end it will get you nowhere
Or find a new life
Dirt and no money
But a help that can save you

Since those days life is better
Somebody to talk to
And the sorrow fades
And life changes
To the better
It may sound dumb

Dreams change later on
 And it is better to have a realistic view
 And for me
 Rehab supported for many years
 And you grow as a person

A walk down to the town nearby
To get the exercise of the day
The bus would have taken me there in five
minutes
Whatever, it will do me good

And the change I like

Yksinäisyys (muutettu)
2006

Kotona pöydän laatikossa makaa runo
yksinäisyydestä
Se on tositarina arjesta, tunteista joka vetää
synkäksi
Kaverit ovat töissä tai välttävät muuten vaan
Se oli tunne tai laajemmassa käsityksessä
Muistikuva suhteista jotka tuntuivat etäisiltä
Mitä yksinäisyys on minulle

Se on eri asia jokaiselle
Vaikka se terminä on sama
Joskus se on liikaa
Aina se ei harmita
Ei latista
Mutta ei onnea

Ehkä se on malli, miksi se ymmärretään
Joskus se on pitkä
Ja kyyneleet virtaa
Ilmiönä ahdistava
Kun liian vähän ihmisiä ympärillä
On päästävä ulos

Murteiden rikkautta

Joo, ku torilta kattelin , ni hetken ahisti
Oli selkee varmuus et mää olin viis
vuotta sitte oikees
Emminhän mä silloin
Ny mää tiedän

Tori oli pieni mut vilisi aamuvirkkuja
Hyvii ihmisii, mää aattelin
Et minkä tähen en oo tänne muuttanut
Tervehtii kaikille ja sillai

Silloin en tarvinnu karata
Ja karkumatkalha jo olin
Hesaas ku oon liiaksiki pyöriny
Ny mää vasta tajusin, onhan ne siel viel

Täsä ku istun ja fundeeraan
Untuvikot eteläst pohtii
Ku juo lappalaiset sahtii
Ja ommaan tahtiin

Ai ketä, Misä?
Mun kamatko pakkaan
Vaiko miettimäst lakkaan
Niin etä en poorilla makkaa

Ihminen jota en unohda

Voisi tietenkin useaa ihmistä muistella
Tarina kertoo tapahtuneesta asiasta
Noin kaksitoista vuotta sitten
Kun asustelin ulkomailla

Yläkerran naapuri
Jota en muista nimeltä
Juttelimme niitä näitä
Ja auttoi hädän hetkellä

Puhelinta lainasi, pienen pieni ele
Kun asuinseutua olin vaihtamassa
Aivan tosta vaan
Vaikka olimme ventovieraita

Rakkaus tuli ja meni

Mä yritin liikaa
Hän on kaunis
Olin odottanut, mutta sain kyytiä
Toisia en halunnut
Koko kroppa lämpeni
Sitten se vietiin

Tasapainoilua

Tiesin vain sen, että se vaivasi
Kuljin Kulosaarentietä pitkin miettien
Miksi olin synkkä ja alakuloinen
Miten sopeutua kun olin erilainen

Pakenin usein kävelylle
Olin tehnyt oikein, silti syyllistettiin
En ollut kuin muut
Ja kapinoin

Meren ääreen tai kalliolle
Mistähän saisin tietää eroavaisuudesta
Leikin puumaa
Olin elementissäni

Mutta seksuaalisuus arvelutti
Vihaisesti pohdin asioita
Jotta ne helpottuisivat
Nuoret ei asiaa vielä näe

Kun tappelevat tunteiden kanssa

Ensimmäinen harmaa hius

Sisustettiin olohuonetta
Juteltiin niitä näitä
Mattoja koeteltiin yksissä tuumin
Ikkunoihin verhot nostettiin
Tauko otettiin, kun,
Peiliin mä katsoin ja näin
Korvan yläpuolella se komeili
Ensimmäinen harmaa hiukseni
Ohjaajalle kerroin
Ja hän tokaisi, siellähän se

Koho

Viikko päättymäisillään
Olen iloinen kuin mikäkin talitintti
Kevät on ovella
Treenit on vaihdettu ulkoliikuntaan

Mielialavaihtelua viikottain
Johtuukohan se masennuksesta
Kun ei pysy raiteilla
Näe toinen puoli

Voisi olla huonommin